ميلاد

سلمى الحسن

authorHOUSE®

AuthorHouse™ LLC
1663 Liberty Drive
Bloomington, IN 47403
www.authorhouse.com
Phone: 1-800-839-8640

Published by AuthorHouse 11/11/2013

ISBN: 978-1-4918-3427-5 (sc)
ISBN: 978-1-4918-3426-8 (e)

إهداء

أهدي هذا الكتاب إليك ..نعم..إليك أنت ..فابتسم..

♫♪ ♥ عشان حبيت ♫♪ ♥

بقيت مبسوط وديمه سعيد

وكل أيامي صبحت عيد

وشفت الدنيا زي الجنة

كل يوم نور جمالا بزيد

***

كبر في قلبي حب الناس

بقيت مرهف رقيق حساس

أسامح البقسا والبظلم

لأنو الريد في قلبي اساس

***

بقيت لا بقسا لا بقدر

وشايف الكون جميل أخضر

وكل يوم وردة تتفتح

وكل يوم الجمال ينضر

***

عشان حبيت بقيت انسان

جميل مرهف رقيق فنان

وساكن فيني حب الخير

وشايلو معاي اي مكان

***

عشان حبيت ملكت الكون

وشان الغالي كلو يهون

2

وغاية أملي نبقا سوا

و كل الباقي بعدو يكون

***

كل أحزاني صبحت ماضي

كل الامي مطوية

وكل الكنت قايلة سكني

أصبح قصة منسية

وبديت أحلم بكون أجمل

زهورو ندية وردية

ومناي كلو

أعيش و حبيبي في عشة

وتكون فرحتنا أبدية

عشان حبيت

♥ ♫♫ ♥ ♫♫

♫ ♥ لو بتحبو بعض ♫ ♥

لو بتحبيهو ح تتحملي

كل ظروفو وكل البعمل

لو بتحبيو ح تراعيهو

و ح تراضيهو وقتما يزعل

وح توديهو و تخلصي ليهو

و تديو روحك دونما يسأل

***

لو بتحبها يبقى استحمل

لو غارت أو ثارت فيكا

ماهي حنونة و قلبها أبيض

وكل إحساسا معاكا و ليكا

ألقى الأعذار ليها وسامح

وهي مهما بعدت بتجيكا

***

لو بتحبيو ح تعيشي معاو

أحلى قصيدة و أجمل دنيا

وتحيو الإحساس القالو عدِم

وتحققو للعشاق منية

وح يكون ريدكم قصة جميلة

وأجمل كلمة وأروع غنية

***

لو بتحبو بعض ح تشوفو

كيف الدنيا بقت وردية

وحتعيشو سوا الهنا والفرحة

والامكم تصبح مطوية

وح تكونو أمل كل العشاق

يوصلو للفرحة الأبدية

♫ ♥ ♫ ♥ ♫ ♥ ♫ ♥

♫♪ ♥ قلتَ جايا ♫♪ ♥

قلت جايا و هسه جايا

وجايبا كل الشوق معايا

من عرفتك وانت ساكن

جوه قلبي و في الحنايا

صورتك المرسومة فيني

في الصحا وأحلام رؤايا

صوتك الهدهد مشاعري

بيسري فيني مع دمايا

وذكريات العشتو جمبك

في دواخلي و في جوايا

قلت جايا و هسه جايا

و لو اسيب الكون ورايا

في بعادك ياما تهت

وانت بس لي طوق نجايا

انت في قربك سعادتي

و في ابتساماتك هنايا

وتاني ما بقدر اسيبك

حتي لو تبقى النهاية

وقلت جايا وهسه جايا

ويلا يا أيام كفاية

عايزة اكون في جمب حبيبي

وأعيش معاو اجمل حكاية

6

♫ ♥ إمرأة هي سبع نساء♫ ♥

هذا الرجل يبعثر عقلي

يجعلني أسقط أشلاء

يصنع مني

باقة ورد من غاردينيا

حقل زهور نفح عطور

فيض بحور فجر ضياء

هذا الرجل الغامض بحرا

هذا الرجل الآسر سحرا

يصنع مني سبع نساء

***

شاعرةً تهواهو شعراً

عاشقة تعشقهو جهراً

إمرأة مخلصة دهراً

طائعة لا تعصي أمراً

حمقاء تهجرهُ شهراً

قطتهُ الحسناء السمرا

والسابعة..بلا تعليق

***

إمرأة ثورتها نار

إمرأة هي كالإعصار

لكن في عينيه بريقاً

يجعلها قسراً تنهار

تهطل حبّاً كالأمطار

تدفق شوقاً كالأنهار

و تجدّف عكس التيار

إمرأة كخلاصة قول

و كأعلان و كأخطار

إمرأةٌ هي سبع نساء

هنّ البحر و هنّ النار

♫ ♥ ♫ ♥ ♫ ♥ ♫ ♥

♫ ♥ رجل ليس كسائر الرجال♫ ♥

و كنتُ ذات ليلة من الليالي

نظرتُ للسماء في ابتهال

وقلت في تضرع و خشعة

ياربنا الكبير ذا الجلال

أريده مختلفاً ومدهشاً

لا رجلاً كسائر الرجال

أريده بركان عشق ثائراً

يقذف بالنيران لا يبالي

أريده طفلا كبيرا حالماً

يفرح بالحلوى وبالصلصال

أريده تدهشني ريشاته

لوحاته بديعة الجمال

أريده يسكن في فوضته

أوراقه والهاتف النقال

أوراقه ألوانه وكتبه

يحملها في الحل والترحال

وبعد أن فرغت من تعبدي

ضحكت من نفسي ومن سؤالي

وقلت ذا حلم بعيد شاردٌ

ماعاد في رجل من الرجال

لكنني واليوم قد لقيته

حقيقة وليس في خيالي

ومنذ أن رأيته عرفته

أيقنت ماللريب من محال

وبين عينيه وجدت ضالتي

فالحمد ياذا الفضل يا متعالي

♫ ♥ ♫ ♥ ♫ ♥ ♫ ♥

عشانك بس

أطرز أجمل الكلمات

أجيب من السما النجمات

أدوزن ليك أحلى حروف

تدندن أحلى أغنيات

تقول مبروك عليك عيدك

وعيدي أنا

هو يومي الشفتك إنت أنا

ويوم حبيتك إنت أنا

***

وتبقى سعيد

وكل يوم ليك يصبح عيد

وكل الحزن يرحل من سماك يفوت

ومن دنياك يبقى بعيد

وتبقى عشاني وابقالك

أحبك والمحبة تزيد

***

وتبقى الشجرة وأبقى الضل

وافرهد ليك زي الفل

واجيب ليك النجم من فوق

يدق بابك

وجمبو قمر عليك يطل

يقول مبروك عليك عيدك

وعيدي انا

هو يومي الأبقى في ايدك

وأبقى غناك و تغريدك

وزي ماقالا زول شاعر

(أنا الزول الصحي بريدك)

♥ ♫♫ ♥ ♫♫ ♥ ♫♫ ♫♫

ياربّ صلّ

ياربّ صلي عليه

السيد المختار

وانجينا بصلاتو

من الحرور والنار

***

ياربّ صلي عليه

سيدنا و نبينا

وارضيهو عننا يوم

نلقا و يلاقينا

نتلاقى في حوضو

وبى ايدو يسقينا

واصلح لنا الاخرة

وفي الدنيا اهدينا

***

صليت عليو اليوم

اتغير احساسي

وملايكة الرحمن

هم صارو جلاسي

وشملت الخيرات

اهلي وكل ناسي

***

صليت عليو اليوم

شرفني بحضورو

كان لي جليس من نور

نورني بي نورو

ياربي يرضا علي

وأنال انا سرورو

صليت عليو اليوم

وبصلي لى باكر

بلسان يكون ذكار

وقلب يكون حاضر

مرتاح و مطمن

لى حالو يوت شاكر

يوم القيامة افوز

ويقال لي ياذاكر

♥ ♫♫ ♥ ♫ ♥ ♫♫ ♫♫

يكفي حضورك

يكفي حضورك في المكان

يكفي حضورك

كي يضئ الكون

كي ألقى السعادة

كي يداخلني الأمان

***

أو بالصلاة عليك أظفر بالجلوس

إليك يا خير الأنام؟؟

أوبالصلاة عليك أخرج

من دياجير الدجى

وينير قلباً

عاش ردحاً

في الظلام؟؟

أوبالصلاة عليك

يانور الهدى

ألقى الشفاعة

من عذاب واضطرام؟؟

أوبالصلاة عليك

تذكرني أنا؟؟

وأنا الملطخ

بالذنوب وبالملام؟؟

صلى عليك الله

15

يا نور الدجى

صلى عليك الله

ياخير الأنام

صلى وسلم

ثم بارك فضله

صلى وسلم

ثم بارك ألف عام

علّي بذلك

أن أنال شفاعة

بقليل ذكر

أو صلاة أو سلام

♫ ♫ ♥ ♫ ♥ ♫ ♫ ♫

بيني وبينك

بيني وبينك سدّة ومدة

وحزن اتعتّق وليل امتدّ

وضحكة اتسرقت من ايامي

وبسمة اتكتلت زي الوردة

لما تجف من طول اهمالا

وكتر جفافا وطول المدة

وقهمة طفلة حنينة تغني

وفي اعماقها النغم يرتدا

بيني وبينك

ليل ساهرتو

وويل قالدتو

ودمعاً سابق

وبلّ مخدة

وأملاً هاجر

وقال ماراجع

وساق في ايدو

العمر وعدّا

انت كتلت الفرح الفيني

وسبت محلو الجرح اشتدّ

ومابرجع لى ريدك أبداً

مهما شوقك تاور وجدّا

وتفضل في جوايا جراحك

لا بتتحسّب لا بتتعدا

يا البالقسوة كسرت خواطري

ودست القلب الليك اتمدّ

بيني وبينك سدّة ومدة

وشوقاً غادر وباب انسدّ

وكل الكان في قلبي عشانك

باهمالك هسه اتهدّا

♥ ♫♫ ♥ ♫♫ ♥ ♫♫

قدجنيت

وضحت وبعد الضحك الفاقع

قمت سكتا وبعدو بكيت

وتاني مرقت و قمت جريت

وسالمت الناس الفي الشارع

وليهم عنك قمت حكيت

وللمارين ولسيد الركشة

وللقاعدين قدام البيت

وقمت براي اضحك واتبسم

وصوت الرادي شديد عليت

وتاني فرحت قعدت وقمت

رقصت طرب طرت وركيت

وطلت صورتك في قدامي

وشوف عيني شفتك طليت

لمن كل دة يحصل ليّا

ماتقول جنت قول حبيت

انا بكل بساطة بقولا

أنا بى حبك قد جنيت

♫ ♥ ♫ ♥ ♫ ♥ ♫ ♥

أبيض وأسود

مرة" الأبيض" قال "للأسود"

ياخ كرّهتنا يا لون شين

شلت الفرح الفي دنيانا

وقالو عليك لون مكتئبين

وكل الحبك باكي وشاكي

أو في قلبو الحزن دفين

شوف انا لون الفل الأبيض

ولون البهجة ونور في جبين

أنا اشراقون وانا افراحون

وانا زفة عرسان حلوين

وكل اللابس أبيض أبيض

وانت سوادك لون الطين

ردّ الاسود وكلو رزانة

أنا لون عاقل ومابوشين

لابتدهنس لا بتمحلس

وواحد وواحد عندي اتنين

وحتى الشجن الماحبيتو

دوا للناس الحزنانين

انا للناس القلت الحزانى

سلوى وبلسم وصبر سنين

انا لون واضح كالح فاضح

كل الالوان البتشين

انا لا بضحك ولابتراشق

وعايش اباري الوناسين

أنا لون جادّي وماني" رمادي"

ومما قمت من الجادّين

ولا باريت ناس سوسو و لولو

ولا لفلفت شمال ويمين

أنا لون دغري وبنعس بدري

ولوني أساس علم التلوين

ويا أبيض خليك في حالك

أبيض مين والناس نايمين

فقمت عجبني الرد المقنع

وكان الأسود قولو رصين

وفجأة كدة اتغيرت تجاهو

وبقى في قلبي وجوه العين

ويا أسود يا طيب جداً

نحن فحقك غلطانين

وأنا و"الأبيض "وكل الظلمك

بنقول ليك بالجد اسفين

♫ ♥ ♫ ♥ ♫ ♥ ♫ ♥

أنا بشبهك

عاينت في صورتك قبيل

حسيت عيوني بتشبهك

حسيت ملامحي قريبة ليك

نظرة عيونك وبسمتك

وفرحت لى حد الفرح

وحلفت (والله بشبهك)

♫ ♥ ♫ ♥ ♫ ♥ ♫

زول ما عادي

زول غيّر لي شكل حياتي
و أصبح دمي و روحي و زادي
قدر يتغلغل جوه فؤادي
وحاضر غايب يبقى قصادي

قدر يتسرب في اعماقي
ويملك صفوي وكلّ ودادي
زول روّضني وزول عوّدني
وزول طوّعني برغم عنادي
زول اصبح بين يوم وليلة
حلم حياتي و كلّ مرادي
زولاً طيّب ودمعو قريّب
حالم مرهف راقي وهادي
زول انسان لكن متفرد
وهوّ بشر لكن ماعادي

♥ ♫ ♥ ♫ ♥ ♫ ♫

لو الاشواق بتتكلم

لو الأشواق بتتكلم
لو الريد المدفن جوّه
في الأعماق بيتكلم
لو احساس القليب الراد
بيشرح كيف هو بتألم
كان صرّح بحبو اليك
ولى كل الخلق علّم
وكان لحظة تلاقينا
بدل ما يمد يمين سلّم
وصافح قلبك الطيب
وغني خلاص نسيت الهم
يمين عادت ليالي هناي
وعاد شوقي الحكاهو غناي
لو الأشواق بتتكلم
كان لحظة تلاقينا
حكت قصة هواك و هواي
وقالت ليك تعال ارجع
غيابك في القلب كوّاي
ولو في يوم نويت ترحل
تفارقني وتسيبني براي
تأكد إني في بعدك
غرامك ساري مسرى دماي
لو الأشواق بتتكلم
كان صرخت عديل بهواك
يا شعري ومعاني غناي
تعال ارجع كفاك غربة
وكفاني نحيب قلب بكاي
تعال خليك دوام جمبي
تعال تلقى السعادة معاي...

هذا الزول

(مهداة لأبوي)

عاوزة اوصف فيهو براي

عشان ما بتشبهو اي قصيدة

وعجزت عنو قوافي غناي

زول عطاي هدّاي رضّاي

زول لا بكدّب لا بتدهنس

لا بتلفلف جاي أو جاي

ما هو مخادع وماتراجع

وزول متواضع وما" هاي هاي"

زول حبّوهو جميع الحولو

وأسأل" زينب ست الشاي"

وأسأل" عشّة "و" سيد الركشة"

وناس المغلق

وكلّ الشافو وعرفو معاي

زولاً حر مازولاً هيّن

ناشف ومر

ما رهيّف و ليّن

أسداً زمجر

ورعداً كركر

وشمساً فجّت

و بدراً بيّن

هذا الزول

شفاف من جوّه

وفيهو شهامة

وكلو مروّة

وفيهو محنة وفيهو أبوة

وممكن برضو يكون هو صديقك

وممكن يعني تكون في أخوّة

زولاً مرهف وحسّاس جداً

رغم ملامح حزم و قوّة

هذا الزول أنا بكتب فيهو

ولو عايز عيني أديهو

وشاحدة المولى كتير يرضيهو

هذا الزول الأسمو أبويا

يحفظو رب الكون الخلقو

ومن عين حسّادو يغطيهو

ويكرمو ويرضي

ويسعدو و يدي

ومن سوء الأقدار يحميهو

♫ ♥ ♫ ♥ ♫ ♥ ♫ ♥

طيب بالطيب بتقاس

مابس قصة ريد وخلاص

الموضوع اتنين بيحبو

وبادين ريد بكل حماس

عايزين يبقو الوفا والطيبة

في زمن الطيب بنداس

فيهو الناس بتحب لمصالح

والمصلحة في الريدة أساس

ناس بتحب مابتعرف تخلص

وتباري الشك والوسواس

قصة ناس ماعاوزة مظاهر

ناس لماهم عشقاً طاهر

ولوحة اترسمت في كراس

ماقصة قلبين ارتبطو

وعاشو خلاص أجمل احساس

موضوعون هو حكاية سعيدة

ودرس وعبرة لكل الناس

إنو تحب تخلص في ريدك

واخلاصك خليو نبراس

وماتقيس الناس بي سطحية

وثروة ومال وجواهر وماس

خليك طيب تلقى الطيب

وطيب بالطيب بتقاس

قدّم كاس مليان بالريدة

تشرب يوم من ذات الكاس

♥ ♫ ♥ ♫ ♥ ♫ ♫

هويت شاعر

تكون عارف بحبك كيف
ويعمل فيها ماقادر
يشيل شوقو ويجيك مسرع
ويرفض يعني هو يبادر
تكون عارف كواو الشوق
ويصبر ويبدو ليك صابر
ويبعد عينو عن عينيك
يدس الريد وفيو ظاهر
يكتم في كلام الحب
يحاور فيكا ويناور
غريب طبعو الحنين وقوي
ودا طبعا في الطباع نادر
يخاصم ويقسى بالايام
يخليك انت بيو حاير
ويرجع مرة تاني يقول
ظلمتو ويقول عليك جاير
ويخليك ليهو مستسلم
وطايع ليه وعليو ساير
ويتقلب شمال ويمين
وانت تكون وراو داير
ويوم ينساك ويوم يهواك
تجيبو الريدة ليك طاير

قلبي معاك يا صاحبي

رضيت أو قلت مادايز

هواو قدرك خلاص اقبل

ومشكلتك هويت شاعر

♫ ♥ ♫ ♥ ♫ ♥ ♫

ما بين صمتك والكلام

ما بين صمتك و الكلام
مسافةٌ تبدو لفرط
خشوعها و سكونها
لكأنما هي ألفُ عام
أغفو بها
كي استطيعَ البوح
أو قل أيّ شئ
غير أنّي
لاأطيقُ
فأنثني خجلاً
تُشلُّ خواطري
تنهارُ قلعتي المنيعةْ
ثم يبقى الانهزام
ما بين صمتك و الكلام

***

من أين جئتَ
و كيف جئتَ
و فيم قل لي؟
هل أتيتَ
لكي تلخبط
كلّ شئ؟
كي تبعثرَ
كلَّ أوراقي
وأفكاري
و تجعلَ
من حكاياتي
القديمة
من روايات الهوى
عندي حطام؟

هل جئتَ كي
تمحو ببعض الحب
الامي و أحزاني
و ترسمَ في
شفاهي الابتسام؟
هل جئت كي
أنسى بك
الشوقَ القديمَ
و قصةً عاشت
معي عمراً
و كنت أظنّها
حرماً حرام؟
لكنّ وجهَك
حين اشرق
في حياتي باسما
دكّ الحصون
وحديثك الاتي
من الأغوار
في دفءٍ
يغلغلُ كلَّ شئ
كنت أدعوه اتزاناً
أو أسميه السكون
من أنت
يا من جئت فجراً
مثل شمسٍ
عانقت دنياي
في ارض الصقيع
ذابت بها مدنُ الثلوج
واقبل العامُ الربيع
غنت عصافيرُ الهوى

قصرت مسافاتُ النّوى
و تلألأ الكونُ البديع
***
أنا لن اقولَ
أحبُّ أو أهواك
فالشيء الذي
بين ابتداءك للكلام
و بين صمتك
قد يذيع
كرهاً أكتم ما أحسّ
و ما اريد البوح لكن
ما أكتمه أنا
طوعاً يشيع
ليقولَ:عاشقةٌ أنا
حد الفتون
حدّ اندلاع النار
في الغابات
بل حدّ الزلازل
والكوراث
ماتغالبه الظنون
حدّ الذوابع
والأعاصير التحطّم
ما يكونُ ولا يكون
والله عاشقةٌ أنا
حدّ الإذابةِ
و التبخّر
والتلاشي
و الجنون

رباعيات

في سيد الاسم الشكرة واجبة الليلة

الزول التلب بوزن براهو قبيلة

مابيدي القليل حاشاهو يدو طويلة

ود ناساً عزاز متأصلين تأصيلة

***

عاجبني و بريدو و عندي ليهو معزّة

ده الأسد النتر خلى الضباع تتهزّ

حالفة اقيف واقول لما البلد تتهزّ

غيرك مافي زول فوقي بيهز الهزّة

***

غيرك مافي زول شبالي تنب بديلو

يستاهل الشكر و الشكرة حقو و هيلو

للمسكين ضرا و للتاه و ضاع هو دليلو

ودة مجمل كلام لسع وراو تفصيلو

***

بفرش ليكا ديس غالي وعزيز هو عليا

تتوسد حريرو الأصلي مية المية

واديك الحنان بالكتير ما شوية

ياريت يا الحبيب تعرف غرامي البيا

***

في سيد الاسم بكتب شعر مو معدّل

من قومة الجهل ماهو العوير ومهبّل

معروف بالكرم مشكور محل ما قبل

مهما جار زمن حاشاهو ما اتبدل

***

في سيد الاسم بكتب كلامي بنمو

غطّاي المكشّف و النقص بيتمو

حرّم للقرش لا دسا لا بيلمو

يديك دون حساب و الله ما بيهمو

***

فاتح كم بيوت يديهو ربي العافية

ستّار الولية الحايمة كاشفة و حافية

كان شافو السقيم يحلف هو شاف العافية

يحفظك الكريم من دار جعل للصافية

♫ ♥ ♫ ♥ ♫ ♥ ♫

أنا مجنونة

ولما احب بتحدى العالم
ولما أعيش الحالة بكونا
ولما اريد زول بوقف جمبو
ولو بينا الأسوار وحصونا
ولو جنيت بالريدة عنيدة
وبحفظ حق الريده واصونا
وبتحدى العالم بالفيهو
واحساساتي محالة اخونا
ولا من طبعي اجافي الردتو

واخلي الريدة واعيش من دونا
ورغم القوة الفيني حنينة
وباحساس الحب مسكونة
وما بتغريني زخارف الدنيا
واصلو الدنيا هي ما مضمونة
بس بيأسرني القلب الطيب
وحبة رقة وكلمة حنونة
أنا مجنونة
بس لا لاعبة ولا كذابه
وكلمتي زي السيف مسنونة
وجواي طفلة صغيرة بتحلم
واحلاما بتلمع في عيونا
كلما تدور تلعب بالنجمة
يقولوا الناس البت مجنونة
كلما تدندن باشعارا
يقولو الناس
البت مجنونة
ياخ مجنونة

ولسه بحب العب بالنجمة

وأكوام حب جواي مكنونة
ولو الحب احساس ماعاقل
وبتحسو الناس المجنونة

فإذن أهلاً ومرحب بيهو
وعلى كدة أنا أكبر مجنونة

♥ ♫♫ ♥ ♫♫ ♥ ♫♫ ♫

عشانك بس

أطرز أجمل الكلمات

أجيب من السما النجمات

أدوزن ليك أحلى حروف

تدندن أحلى أغنيات

تقول مبروك عليك عيدك

وعيدي أنا

هو يومي الشفتك إنت أنا

ويوم حبيتك إنت أنا

***

وتبقى سعيد

وكل يوم ليك يصبح عيد

وكل الحزن يرحل من سماك يفوت

ومن دنياك يبقى بعيد

وتبقى عشاني وابقالك

أحبك والمحبة تزيد

***

وتبقى الشجرة وأبقى الضل

وافرهد ليك زي الفل

واجيب ليك النجم من فوق

يدق بابك

وجمبو قمر عليك يطل

يقول مبروك عليك عيدك

وعيدي انا

هو يومي الأبقى في ايدك

و أبقى غناك و تغريدك

وزي ماقالا زول شاعر

أنا الزول الصحي بريدك

♫ ♫♥ ♫♥ ♫♥

مالك علي ياليل

مالك علي ياليل

زودت همي اتنين

لاقادر ارتاح فيك

وانا في الغرام مسكين

جافوني احبابي

وعزاي دموع وانين

***

مالك علي ياليل

انا قلت فيك ارتاح

عسى القى فيك سلوى

قبال يجيني صباح

الناس هجود ياليل

وانا طاري زولي الراح

***

مالك علي ياليل

ياعيني ماتغمضي

يادموعي ماتروقي

واحزاني ماتهمدي

***

اه من قساك ياليل

اهين انا تعبت

ليلك طويل ياليل

40

شلت الهنا وغبت

اصبح خلاص ياصباح

جيب لي نسيمو عليل

في قلبي شلت شقا

وحملي العليا تقيل

وحداني من بعدو

وحيران فقدت دليل

***

ارحل خلاص ياليل

الشفتو فيك كافي

بكرة الصباح بصبح

يلقاني متعافي

كذب البقول مرتاح

هنا في الغرام مافي

***

مالك علي ياليل

عديت نجيماتك

حاولت تلهيني

رصيت كليماتك

مالقيت معاي سلوى

كبيت دميعاتك

مالك علي ياليل

خلي الصباح يصبح

عسى يبرا جرحاً غار

طول النهار ينتح

يمكن تهل افراح

يمكن طيور تصدح

يمكن يعود غايب

يمكن حزين يفرح

ومالك علي ياليل

♫ ♫ ♥ ♫ ♥ ♫ ♥

سر دموعي

تسالوني دموعي ليه!!

لما تتذكر حبيبك

وتبقى خايف يوم يسيبك

وشوق يشيلك و شوق يجيبك

وكل مناك في لحظة إنو

بس يكون قاعد قصادك

***

لما تسمع صوت يهزّك

وانت عارف كيف بعزك

وشايفو قدامك بيغني

وهو كان ليك بس تمني

وهسه قدامك في بابك

***

شوف عيون الناس بتحكي

فرحة مخلوطة بمحنة

وزحمة الناس جوه جنة

وكيف عيون الناس ملانة

طيبة حقت ناس اهلنا

وكم حلمنا و كم سألنا

وياما اشجيتنا بكلامك

****

لما صوت موسيقى بيهمس

لشغاف قلبك بيلمس

وزول رقيق لدمعو يحبس

تلغي دمعاتك كلامك
***

لما تتلملم مشاعر

وتملا قلبك و انت شاعر

مافي غير تذرف دموعك

خلطة من رقة و محنة

ومرة بسمة ومرة أنة

بيها يتخفف عذابك

***
الدموع ما دايرة قصة

والمشاعر لا تدسا

الدموع أجمل مشاعر

قلب عاشق نبضو حسا

ويا البتسأل سر دموعي

اكتفيت ولا احكي لسه؟

وتسألوني دموعي ليه!!

♫ ♥ ♫ ♥ ♫ ♥ ♫ ♥

ذكري

كان في الماضي بيناتنا

قصة قديمة بس عدّت

عاشت في قلوبنا زمان

وشرّت فيها وامتدت

وزي كل البريدو بعض

كانت بينا في خلافات

وماكانت براها سبب

تباعد بينا لمسافات

كنت بجيك و بتحمل

وكنت بكتم الاهات

عشان تطلع حروف ونغم

بدل تطلع بكا ودمعات

***

كان في الماضي بينا غرام

وهسه الليلة زي ما في

كتلت جواي شعلة ريد

تجمد قلبك الدافي

كتلت حروفي بالقسوة

نضب منبع حنان صافي

بقيت ما انت يا انت

بقيت قاسي و بقيت جافي

وانا الداير ابقى ديمة معاك

وانا القاسيت عشان القاك

وجيت الليلة عاوز اعرف

شنو الغير هواي جواك

سألتك و ما بتتكلم

غلطت وما بتتعلم

خلاص ماباقي غير ابعد

ورغم البعد بيناتنا

بيفضل فيني ليك حنين

وعشرة و ريدة ليها سنين

وكلماتك علي غالين

وماتفكر

في يوم بي شينة بفتكرك

ولا لو زول سالني عليك

وعن سبب الفراق الكان

أكذّب وبالأذى أذكرك

***

بفارقك وكلي ليك احساس

وصدق النية بينا اساس

وبتمنى الفرح يغشاك

ويغشى معاك كل الناس

ولو ماباقي بينا نصيب

كفاية الباقي من حبك

ومن ريدتنا لينا ميراث

***

كون بي خير

ومنك شفت كل الخير

ولو مابينا قسمة انشالله

تلقى الفرحة عند الغير

يحبك زول ويتحمل

طريقك ومني يبقى اخير

♫ ♫ ♥ ♫ ♥ ♫ ♥

كحلي بالاحمر

ح البس كحلي بالاحمر

وزي بدر التمام اظهر

ولابيكسرني هجرانك

ولابخليني اتبعتر

وما بحزن وأشيل هم بكره

واندب حظي واتحسرّ

وبنجح في امتحان الريد

وفي كل الظروف بصبر

قوية وعارفا روحي جبل

وبفخر وديمه بتندر

واقول ليك

إن هويتني سعيد

وكان فارقت اتحسّر

وكان فارقت

الف سلامة

غيرك جاي خير اكتر

وليه ازعل عليهو الفات

اكيد والله هو البخسر

وما بترجّا واستجداكا

واصلاً زاتي ما بقدر

ولابتشكا لا بتبكى

بصبر واقوا واتجبر

وأحلا وابقى زي الوردة

وألبس كحلي بالاحمر

♫ ♫♥ ♫♥ ♫♥

ايجابية

لو واحد باع قضية ما نهاية البشرية

لو واحدة خاينة عادي غيرا مخلص خمسمية

أوعك تقعد تتبكا او تقول أنا انكسرت

أو من الحب قنعت او من تجربة فشلت

كل شئ بيحصل لى سبب لحاجة منطقية

***

لو قلت (الخير موجود) أكيد كتير حتشوفو جنبك

أو قلت(الشر بيعم) خلاص ذنبك على جنبك

حتلاقي في حياتك الشئ البتؤمن بيهو

خليك حريف وآمن بالخير وحتلاقيهو

اوعاك تخطي خطوة الا وانت مؤمن بيها

اوعِك تقولي فلانة عملو ليها وسو ليها

تجربتك هي تجربتك ابذل فيها كل قوة

والزمن ما اتغير ياهو زاتو هوا هوا

ابعد عن التشاؤم والاوهام الفلسفية

ناقصين نحن اكتئاب ناقصين امراض نفسية؟؟

الدنيا لسة بخيرا بس احياها بحسن نية

***

اوعك تقول فلان فشل خلاص انا حافشل

او في الطريق وقع منو القال ليك ما يمكن توصل

شوف النص الملان من الكباية ياخي شوفا

والناس حتكون بخير بس للسما ترفع كفوفا

ومافي حاجة سهلة حتى الجنة شوك محفوفة

و الطيب ربو معاهو و دي قاعدة معروفة

بس انت ابدا وشوف وح توصل مية مية

***

و الله ما بنظّر او اقول كلام خيالي

و لا عاوز بس اغني او اهترش بالفي بالي

أنا كنت زول متوتر وبدخن طوالي

ولو زول سالني بنفعل و اصلي مابيالي

جربت اي حاجة شان اروق ويرتاح بالي

مالقيت غير امشي دغري حاجة غيرت احوالي

صديقي يلا جرب و اخدها مني كلمة

ولو زول سألك عليها قول لي قالت ليا سلمى

بقر وبعترف وبتحمل المسؤلية..

♥ ♫ ♥ ♫ ♥ ♫ ♫

القلم ما بزيل بلم

القلم ما بزيل بلم

وفي ناس كتار

زايدين علم

لكن تعال وقت النقاش

تلقاها لا راي لافهم

***

القلم ما بنفعك

ولافي مقامك برفعك

ان ما ارتبط

بى ذوق واخلاق تدفعك

تبقيك بين الناس علم

***

خليك خلوق

احساس وذوق

ارتاح وروق

عامل المخاليق بى أدب

خليك لين ما صعب

***

القلم ما بزيل بلم

ممكن يكون دكتور بجم

ماقادر يشرح كلمتين

لي زول مريض

صبرو انعدم

ممكن يكون

استاذ كبير

او قول مدير

يمشي الشغل

يضحك يقهقه وينشرح

لكن مع المره والعيال

ساكت تجم

وان قال نفر

ضافر ضفر

ما بعرف اللين لا المزاح

مابهزّو لا صوت لا نغم

ياخ ابتسم

عمرك قصير

باكر تفوت

ولمن تموت

بقعد معاك وبينفعك

الكنت يوم بتعاملون

لمن عليك يترحمو

ويقولو كان زول محترم

***

القلم مابزيل بلم

خليك خلوق

احساس وذوق

وصدقني مهما تضيق عليك

باكر تروق

والله تروق

باكر تروق

♥ ♫ ♥ ♫ ♥ ♫ ♫

الناس ببلدي

الناسُ ببلدي يشغلهم

جداً جداً أمرُ العادات

الناسُ ببلدي تحمل دوماً

أغلي وأرقي الموبايلات

تملأها تحشوها حشواً

"بالنكت" و الاف النغمات

وتعيشُ ديوناً تثقلها

لتقسط أغلي السيارات

تشري "لاب توباً" من" دل"

لتساهرَ تتكلم في "الشات"

***

ونساء بلادي تتنافس

كي ترسم عند "الحنانات"

ماكانت حنتها للزوج

ولكن كانت للحفلات

"تتمكيج" تتأنق تلبس

وتزينها "الأكسسوارات"

ليقال فلانة رائعة

وتجاري في الحفل "الصاحبات"

***

الناس ببلدي تنهج منهاجاً واحد

قل مثلاً في الاستثمارات

قل لي كم عدد "الأمجادات"

كم في الشارع عدد ال"ركشات"

لاحظ لصفوف الكفتريات

شاهد فقرات الإعلانات

إن صنع فلانٌ بسكوتاً

تبعته الوف البسكوتات

أو نجح فلان في "شاي"

"حاكته" شركات "الشايات"

والمضحك جدا في ذلك

"الشكلة" في "اسم الحيوانات"

***

الناس ببلدي مضحكة

بعضهم صبيان وبنات

تتزوج فتيات فيها

كي لا يحسبن من "البايرات"

وتعاشر زوجاً تتشكي

تنظر شظراً للمطلقات

وتقولُ أنا أحسنُ حالا

"ضل راجل" خيرٌ من "حيطات"

***

الناس ببلدي في الجامعات

"تتكل" ما بين الطرقات

و"تدكُّ" محاضرة "العربي"

"فالعربي" احد "المطلوبات"

و"العربي" لايجدي نفعا

و"العربي" ما حق "السمحات"

"والسمحة" تعشق "حنكوشا"

"تخلطة" في تحت "الشجرات"

وتعيش تحب بلا جدوي

بل تقضي بالحب الساعات

كم طالب علم تلقاه

محبوساً في احدي القاعات

"يخلط" في القاعة لا يدري

ما شرف ومنزلة القاعات

يتكلم لا يدري خططا

للحب سوي بعض الاهات

بعض "الغنيات" يهيم بها

و"يرسل" الاف "المسجات"

وبنص الشهر يضيع "الكرت"

وتشحنه أحدي الأخوات

تسأله ما هدفك في الكون

يبرطم بعض الأمنيات

واسأله كيف ستنجزها

إن نطق فسخف وسذاجات

ولأسفي ينهار حطاما

ان هي "شافت"

بعض "الشوفات"

أو جاء عريسٌ مغتربٌ

أو "رشَّ" عليها الدولارات

ياولدي لاتحزن أبداً

ما كانت معك من الجادات

واحمد ربك وافهم درساً

في الحب بعشرة كراسات

إذ أنك ما خططت له

لن يجدي الحبُّ ولا العبرات

وارسم مستقبلك الزاهر

بالعقل وبعضٍ من خبرات

من قبلك عاشوا ياولدي

في الوهم ولم يجنوا الثمرات

***

ورجالٌ أعرفهم أيضا

يتزوج من أحدي الحفلات

"سحرتني قد شرطت عيني

بجمال القامة والسحنات

واللون الأبيض دمَّرني

وأموت أنا في" الحلبيات"

يتزوج لا يدري أبدا

أن وقع بفخ "كالسمكات"

والبنت تخطط من عام

وتمارس عشرات الحركات

مذ شافت "بنزاً" واقفةً

في أحدِ مصافِ السيارات

علمت هي أن" سعادته"

رجلٌ لقطة لايتفوت

ياحسرتها إن هو قد فات

وتتم لفرحتها "العرسة"

وتصير نموذج للفتيات

وصديقي بعد العرس يري

مجهود" الخلطة" و"الخلطات"!

***

الناس ببلدي ساخطة

لاعنةً كلَّ الحكومات

لا "شيخٌ" يعجب لا" أحمر"

وكذلك لا "استعمارات"

كلٌّ يفتيك بغير هديً

شاهد بعض الاستطلاعات

الناس ببلدي" تتفلسف"

وتناقش في كل" الحاجات"

فنٌ وسياسة ورياضة

بلدي ملآن" اهرامات"

في كل صباح" فنانٌ"

وألوف ألوف المزيعات

لاعلمٌ مطلوبٌ أبداً

إن كنَّ يقدمن الفقرات

كم واحدة منهم درسته

وهل حقاً هن موهوبات!؟

أم أن القصة ياولدي

هي أصلا أطنان "كريمات"!

***

ياولدي لا أقصد سخرا

لكن تملأُ قلبي "الوجعات"

وكلامي لا يقصد أحداً

بالعين ولا كلَّ الحالات

خذ من كلماتي ما ينفع

واجعل من باقيه نفايات

واجعل لحياتك أهدافاً

وارسم خططا للانجازات

واصمت لا تتكلم أبدا

في "الفاضي" وبعض "المليانات"

لا تتدخل بأمور النَّاس

أمورُ النَّاس خصوصيات

والناسُ لها عقلٌ مثلك

يهديها وتختلف الحالات

لاتجرحْ بكلامك أحداً

واحفظهم في وقت الغيبات

لا تشعل بكلامك ناراً

تستعص علي الأطفائيات

لا تجعلْ نفسك أنموذج

فلكلٍ في الدنيا وجهات

قلّلْ من نقدك يا ولدي

فالنقد الجارح كالطعنات

سامح من حولك واعذرهم

من منّا ليس له ذلات

من لم يظلمْ من لم يؤلمْ

من منا قد عُصِمَ الهفوات

قدّرْ للناس مشاعرهم

إن هم حفظوا سرّ الزيجات

أو قالوا لك "لا تتدخلْ"

فاسمعْ وارجعْ بعض الخطوات

وانصح بحدودٍ وتعقّل

إن رام كلامُك اصلاحات

لاتطلقْ أحكاماً كبري

هذا خطأً هذي "صاحات"

فالخطأ و"صاح" يا ولدي

أمرٌ فيه استفهامات

ما خطأ عندك هو "صاحٌ"

بل "صاح" من كبري "الصاحات"

و"الصاح" لعينك عند فلان

خطأً لا يُقبَلُ لحظات

فأجعل مرجعك إلاهياً

لامرجع "ناس" و"ثقافات"!

***

لا "تزعلْ" من قولي هذا

فأنا لا أرغب بإساءات

لوني أسمر شعري أكرد

مثلك سودانيٌ القسمات

لي ذلاتي لي هفواتي

مثلك لاأهوي" التفلسفات"

لكني أقصد أن"نوعي"

أن نملأ بالوعي الساحات

ونخلي الفخرَ بآباء

وقبائلَ كلهم اخوات

"جعليا" "محسي" "شايقيا"

"غربيا" "شرقي" النبرات

هيا نتعلم نتقدم

ولنترك هذي السطحيات

أعلم أني "سخنت" القول

فمعذرةً اخوة واخوات

ماقصدي ازعاجٌ أبداً

وإلهي أعلم بالنّيات

وكلامي ليس إلاهياً

بالطبع له استثناءات

***

لكن ما أذكر موجودٌ

فلنذكر حال المؤسسات

إذهب مصلحة تلقاها

في المكتب خمس "سكرتيرات"

أربعة منهم قد غادرن

ذهبن ليأكلن "الوجبات"

والخامسه تجلس في الشاشة

تلعب أوراق "الكوتشينات"

فتقول لها "أين فلانة"؟

فتجيب" بأفٍ" والزفرات

"ذهبت تاكل"!!

ويلك ان زدت "متي ترجع"

ترميك بنيران النظرات

"إجلس وتمهل فستأتي

يعني خلاص انت "أهميات"!!

والمكتب "فاض" ياوجعي

وبه أجهزةُ التكيفات

لتكيِّفَ اشخاصاً ذهبوا

وتطيِّرَ اوراقَ الطلبات

هذا المكتب ليس خيالاً

زرتُهم عشرات المرات

مكتنب بمكان محترم

وبه أوراق وشهادات

***

الناس ببلدي في البكيات

تقيّل ترقد بالّليلات

وتجدّد أحزان الأسرة

تجعلها (موتٌ وخرابات)

أكلٌ وشرابٌ ومنامٌ

تعبٌ إرهاقٌ وخسارات

ونساءٌ تلبس تتأنق

بثيابٍ فخمة والبوديهات

تجرحُ إحساسَ المكلومين

بلبسِ عطرٍ وبخورات

***

والبعضُ يحدُّ مجاملةً

يتركُ للحنة والزينة

عام للحد بلا زينة

لاينقص يوما لا ثانيات

وتقول أجامل ستَ البيت

بترك الحنة والقشرات

إن عشرة أشهر فهي قليل

لم تكمل للمواجبات

ويقال علي "أهل الميت"

"عجبا مالم ما حزنانات"!!

والحد حرام في الإسلام

حلال فقط علي الزوجات

لكن في بلدي ما ألفوه

وما عهدوه "تشريعات"

يمشون بقانون الدنيا

ويعدوه "كالقدسيات"

***

سبعة,خمستاشر, وأربعون

وأول عيد للأموات

هيا نتكسر ونتكل

نرقد نأكل أحلي الوجبات

نتونس نذكر سيرة الناس

نقابلُ بعضَ الشمشارات

كي نسمعَ أخبار الدنيا

عرس وخطوبة وطلاقات

***

ونساء بلادي حين يلدن

فذلك من كبري الطامات

لاراحة لا نومٌ أبدا

أرق من كثر الزوارات

بالليل يعذبها المولود

وصبحا تهلكها الجارات

بزيارات تبدأ صبحا ظهرا

عصرا لا مقدّمات

إن قيل لهم نامت غضبوا

وذهبن ليطلقن إشاعات

وتصير المسكينة رمزاً

للهمز والآف اللمزات

ما المعني من مال يوضع

للمرضع في تحت مخدات

إن ما قدرنا حاجتها

للنوم وقل بعض الراحات

ما المانع إن زرنا عصراً

وسريعاً خففنا الجلسات

ونكونُ بذلك جاملناها

وما سببنا إزعاجات

***

الناسُ ببلدي حين تزورك

لا تسأل استئذانات

صبح ومساء بل ليل

يومك أوقات مفتوحات

لا نطلب إذنا حين نزور

ونهبط في كل الأوقات

إن عارض رجلٌ فهو مسيخ

أو أمرأة" ففلهمات"

ما "الحالة واحدة" و "ياخ انسي"

ويختم لنقاشك بالضحكات

***

الناس ببلدي حتى الان

تزورُ شيوخاً بل شيخات

أكثرهم سحرة كذابين

ودجالين ودجالات

يحرقن حجابا وبخورا

يكتبن رموزا وكتابات

أعرف ناسا تعزم أمرا

لاتكمله دون الحجبات

لاتخطوا يمنة أو يسرة

حتى يأذن لهم السادات

شيخٌ طائر شيخ عائم

ما أضحكها من معتقدات

***

ونساء بلادي إن سافرن

فشاهدهن في المطارات

إن كن نساء مغتربات

أو قل إن كن "عروسات"

كعب عالي ذهب كالطوب

ثياب حرير وشيفونات

والثوب الناعم يتزلق

وتقع من يدها الباسبورات

والناس تتابعها عجبا

وتقول "شوف السودانيات"!

***

الناس ببلدي تقطر قطرا

عزّاً فخرا وحساسات

بالفخر تعج كتابتنا

والفخر ملا كل الصفحات

نحن أسودٌ نحن نمورٌ

نحن صقورٌ نحن جواوات

أحسن ناسٍ أكرم ناسٍ

فرسان الحارة والفزعات

جدريٌّ سمٌّ نقاعٌ

تمساحٌ أعصار الكتحات

نفرح ونزغرد ونغني

إن جلدوا بعضهم الجلدات

نفخر يومياً بالأجداد

وبالفرسان وبالفرسات

دعني من ناس قد ذهبوا

من نحن اليوم أيا سادات

أيفيد اليوم تراثٌ باد

تعيد قصائدُ من قد مات

إن ما أحيينا تلك القيم

وما أحدثنا تجديدات

بقيت تاريخا محبوساً

حبراً منقوشاً بوريقات

لايسمن لايغني من جوع

أتروي الظمآن قطيرات

***

الناس ببلدي مرجعها

ماقال فلان وفلانات

والمرجع دوما تقليد

عادات بادت وحضارات

ياليت المرجع مرجع رب

أو دينيا أو سنات

أو مرجع منطق أو عقل

أو قل حتي بعض الحكمات

ننظر لمحاسننا دوماً

ونغض الطرف عن الخطئات

إن رمنا إصلاحا حقا

فلنبدأ في هذي اللحظات

ونغيّر أنفسنا والناس

ونحدث بعض التغييرات

لنصير تماسيحا حقا

لا مثل طيور الببغاوات

نقلد بعضينا بعضا

لانقبل بعض التعديلات

كي نتعلم كي نتتطور

لابد بتغيير الصفحات

ولنفتح دفتر تعديل

نفتحة بكل المجالات

نبدأه بكلمات حلوة

لا سخر لا للتهكمات

نكتب أول سطر فيه

(الموقع تحت الإنشاءات)

♫ ♫ ♥ ♫ ♥ ♫ ♫

حزنت براي

(في رحيل عمي الحبيب عثمان (كتن) له الرحمة والمغفرة)

حزنت براي
وشلت الحزن في جوّاي
ماونست بيو كلماتي
مابكّيت حروفي معاي
كتمت الدمعة في عيني
دفنت الجمرة جوه حشاي
حضنت وسادتي عزّ الليل
وطول الليل بكا ونوناي
حزنت براي
وشلت ألم
وما ونست زول بي وجعي
ما قالد عليّا حبيب
عصرتو علي
ولا بالحيل
حكيتلو أساي
حملت حزن
حزن لو شالو غيري اتهدّا
لو شالو الجبل قال (واي)
ولو تعرف فقدتك كيف!!
ولو تعرف بحبك كيف!!
ماكان لحظة فتّا ورحتا
ماقبلت مننا جاي...

حزنت شديد

فراقك يابا ما بالايد

وحكم المولى تمشي بعيد

تخلي "سمية" موجوعة

وتفوت "أمونة" في صباها

وماتحضر معاها جديد

بناتك يابا موجوعات

عليك الليله محزونات

وأولادك يفتشو ليك

حليل الكان حليل الكان

وهل يرجع يعود الكان!!

ودعناك الله يا "عثمان"

وداعة ربنا الرحمن

تكون في أعلى عليّن

وتلقى الرحمة والغفران

ويا"سحورة" شيلي صبر

ابوك عند ربنا المنان

وربي أحن من الكل

وباذن الله

مافي عليو هناك احزان

ودعناك الله يا يابا

و انت أمانة عند المولى

والدين مهما طال ميعادو

حتما برجيعو الديان

وليك الرحمة يا عمي

ياخال "ريم" وجد" احسان"..

♥ ♫♫ ♥ ♫ ♥ ♫♫ ♫

حكاية وردة وسط مستنقع

كان ياماكان في يوماً أبيض
ظهرت وردة وسط مستنقع
ورغم الطين والوحل الأسود
ظلت تنمو وتكبر وتطلع
كانت تشرب من أقذارو
وبرضو نداها يزينا ويلمع
ظلت عايشة حبيسة سورو
ورغم السجن شذاها بيطلع
ويملا الكون وأريجا يعبّق
ويسمع عنها كلّ البسمع
أنا عاوزاك تتخيل لحظة
شكل الوردة الحلوة الطيبة
وحالها وسط هذا المستنقع
حاول حس بي ألم الوردة
وكيف يوماتي عيونها بتدمع
وكيف بتداري لتفضل صامدة
وما تخنع تضعف أو تجزع
عايشة عزيزة ومرفوع راسها
والحولها لي (قرش) بيركع
ياخي تخيل وسطك (بيئة)
وناسك (روث) أو يمكن أوضع
واقرب اهلك عايزين منك

وكلّ كلامون طّلع وادفع

والعاملين أحبابك خونة

وحسدة وحقدة ونارون تولع

وبعض صحابك شلّة مشينة

كلاب الشارع منهم أجدع

وفيهم سارق وفيهم مارق

وقلة الفاهم وقلة البنفع

والكذّاب العامل صاحبك

على حسك بنطق واتلمع

وياريت لو بنطق بالصدق

بألف وينشر ويلصق ويرقع

وحتى الزولة العاملة حبيبتك

قاعدة تغشك وفيكا بتخدع

ونكرت خيرك وشافت غيرك

ويوم تتساكا ويوم ليك ترجع

زولة حسودة غيورة حقودة

حرقت دمك وحايمة (تبرطع)

حاجة تخلي الواحد يقرف

ويتعب ويخرّب ويشرب ويبلع

ويضرب بنقو ينسيو همّو

ويطلع مجرم وللشر مرتع

كيف بالله في جو ذي هذا

عايز وردة تفتّح وتبدع!!

عاوزاك بس تغمض عينيكا

وكرر كده في هذا المقطع

(قصة وردة وسط مستنقع)

(قصة وردة وسط مستنقع)

ولو عندك إحساس ومشاعر

أتحداك عينك ما تدمع

والغصة تقيف لي في حلقك

وقلبك بالالام يتقطّع

وتلقى سؤال محتاج لإجابة

منّو الراس قرّب يتفرقع

أيه رايك في قصة أليمة

اسمها (وردة وسط المستنقع!)

بس قبال تجلس للفتوى

وتلف شالك وتجي تتربع

وقبل (تصرصر) وتبدأ (تنظّر)

وتتطاول أو ترفع اصبع

وقبل تحرم وفيها تجرم

وراسك يشطح وتبدا تشرّع

ذاكا حرامٌ ذاكا حلالٌ

وترمي كلامك زي المدفع

أرفق في قولك واحكامك

وماتكون فظ ياخي وتتسرع

كلماتك كم كتلت وردة

وقلعت شتلة ودفنت مبدع

وعاوزة اقول ليك كلمة اخيرة

أسمعا مني وما تتنطع

لو في الدنيا في زول ما بغلط

هاتو يقلق فيها ويجدع

وقبال ترجم لم (حصحاصك)

وحاكم نفسك وهذّب واردع

وحاول حس واشعر واتأمل

وجع الوردة الفي المستنقع

لو عشت حياة هذي الوردة

يمين بالله كان "زيتك" يطلع

هذي الوردة مشت في الاخر

وكان الموت لى قطفها أسرع

وسار الناس من خلف الوردة

الافا الافا تخلع

وكلها بقلب رجل واحد

تدعو المولى وليو تتضرع

وتقول ليو يارب الوردة

ودي الوردة مكاناً أرفع

شان أصلاً جاتنا من الجنة

وفجأة اتزرعت في المستنقع

حكمة ربنا شان نتعلم

ونرضى ونتصبر ونسترجع

مشت الوردة ومابي وراها

لا كاشات لا شركة ومصنع

وماخلت لا قروش لا ثروة

ولا أطيان لا تركة توزّع

بس ربّت أجيال (ضكرانة)

وعاشت رايعة وماتت أروع

ولسه المستنقع في حالو

ناس تتشاكل وناسا تطمع

وناس تتهاوش وناس تتناوش

وناش تتخامش وتختف وتقلع

وناس سعرانة قدرما تهبر

لا بتشبع لا بترضى وتقنع

***

يارب اغفر لى وردتنا

وبرضو كمان ناس المستنقع

من بالتوبة عليهم جمعاً

واهديهم وهدايتك تنجع

يا رحمن اقبل دعوتنا

وفي ظل الرحمن نتجمع

انا والوردة وكل من أمّن

وصلى عليك ياسيدي الاروع

ويارب صل وسلم وبارك

للمختار الليهو بنتبع

♥ ♫ ♥ ♫ ♥ ♫ ♫

مسألة احساس

الاحساس

هو حاجة عجيبة

ما تفهمت

لكل الناس

كلمة صعيبة في تفسيرا

مابسهولة يعقلا راس

ممكن انت تعشق زول

وريدك ليهو ما ينقاس

وماتعرف تقول ليّه

وتحللها مسألة ف كراس

وممكن برضو ما تريد زول

يكون ماابنبلع ليك ياخ

وناس بتقول عليو ممتاز

وما تتحمل انت كلامو

(ياناس هوى كفاني خلاااص)

الاحساس ده سر غامض

بيسكر دون خمر او كاس

يعلّق قلب بى التاني

ويمخمخ جووه جووه الراس

فما تحاول تفسرو ياخي

واحد هو الفحم والماس

وكل زول ليهو حريتو

يحب عصفورة او نسناس

مزاج شخصي تحب الكولا

ولا تحب عصير اثناس

تسوق ليك فورد أو مازدا

تركب تاكسي تركب باص

شنو البمنع أحب انا(نانسي)

وانت تحب (عمر احساس)

لازم نحترم بعضينا

نحترم اختلاف الناس

وربنا هو البيحكم بيننا

هو الشايف قلوب الناس

فماتقول(كيف) ولا(لشنو)

قول بس مسألة احساس

وحر ياخي البحب (محمود)

وحر غيرو البحب(ترباس)

♫ ♫ ♥ ♫ ♥ ♫ ♥

<u>ماهو قولك</u>

لما زولك
يكتل احساس الفرح جواك
ويسقيك الجروح
لما تسكنو في دواخلك
ويبقى في جواكا روح
وتبقى متقطّع عشانو
وبرضو ما قادر تبوح
وتسبل الدمعات عليهو
وفي السراب دمعك يروح
جارح احساس انو خانك
جرح ما ممكن يروح
بس كتير دمعك عليهو
أوعى ما تبكي وتنوح
لم جراحك وابقى صابر
واصلو حقك ما بروح
بكره راح تنشف دموعك
والأمل يرجع يلوح

♫ ♫ ♥ ♫ ♥ ♫ ♥

ممكن جداً

يتحول احساس الريدة
لى إحساس بى كُره عجيب
قدر الريدة بتقدر تنسى
وتكره زول كانت ليكا حبيب
لما يخون أو يقسى ويغدر
ويبعد عنك وانت قريب
لما تخت فيو كل احلامك
ويكسر قلبك وأملك يخيب
وجرحك ينزف ودمعك يجري
ووجعك يغلب كل طبيب
ممكن جداً ما تستبعد
ما شي خيالي ولا هو غريب
إنو الزول الجاب افراحك
آلامك وأحزانك يجيب...

♫ ♫ ♥ ♫ ♥ ♫ ♥

بعاد وشوق

مابين بعادي وشوقي ليك

جواي أمل

مابين طريق أنا فيو وحيد

ومعاي طيفك والجرح

ما محتمل

مابين خيالك في العيون

وحياتي في الشك والظنون

شايفاك واقف مبتسم

وطريق طويل فاصلني منك

ورغم عنك

عندي ليك

حنين وشوق

وكلام كتير

لازم يصل

وبريق عيون

نظرات حنان

تهتف تقول

باين عليك

الشوق ظهر

مابين بعادي وشوقي ليك

سكة سفر

رحلة هواي

وعشان عيونك ياقمر

أنا جايا ليك شايلا الفرح

دوبني في بحر المقل

نسيني احزاني ودموع

في بعادك اضناني الالم

انا جايا ليك شايلا الفرح

ومعاو قلب مجروح شديد

هل ليهو انت بتحتمل؟؟

بحمل قليبي جرح جديد؟؟

وجرحو القديم ما اندمل..؟؟

بيك انت بس قادر يعيش

مالاقي غيرك من امل

هل ترضى تبقالو الطبيب

وتقولو كيف تاني العمل

مابين بعادي وشوقي ليك

قلبي البينبض بي هواك

وقلب خلاص فارق رحل..

اتهدّ من فرقة حبيب

دمع العيون سحّ وهطل

والدنيا صبحت زي سراب

لا شاطي لا قيف لا محل

بس شافك انت دوا الجرح

ماتقولي مافي بصيص أمل

مابين بعادي وشوقي ليك

احساسي انك طوق نجاي

هل تقبل انو تكون معاي

رغم الجراح الفي جواي

ولا امشي ارجع منخذل؟؟

♫ ♫♥ ♫♥ ♫♥

نتبادل الأدوار

تعال نتبادل الأدوار
أكون فنان

وإنتا مكاني كون شاعر

وجرّب كيف بحس الزول

وقت يسمع (أنا مساهر)

تخيل بس

شعور قلبو الملان اشواق

وريدو الفي القلب مكتوم

ودمعو الاصلو ما ظاهر

تخيل لما يستناك ويترجّاك

وما تظهر

ويدس العبرة في أعماقو

غصبا عنو يتصبّر

وفي عينو الدمع طافر

تخيل كيف

بحس الثانية زي ساعات

ويقول يازول أنا الصابر

يجامل الناس وما يجرح

ولي كل الظلم غافر

ويديك العسل كلمات

وفي عينو الدمع دافر

حنين طيب رقيق ووديع

لايوم صدّ لا نافر

تخيّل بس ده لو حبّاك

أكيد حيكون ده حب نادر

ومع كل الغرام والشوق

تسيبو وتمشي وتسافر

ويتحمل فراق وبعاد

وللذلات يكون غافر

تخيل ياخي آلامو

وقول الصدق ما تكابر

وعيش الدور كتير وكتير

وبين الجاي والحاضر

تعال وريني احساسك

لما تحب ليك إنسان

بقولو عليهو زول شاعر

♥ ♫ ♥ ♫ ♥ ♫ ♫

مصيرك حترجع

مصيرك حترجع مصيرك تعود
ومين ليك غيري الحنيّن وودود
حترجع لقلبي البحبّك شديد
تزيّن حياتي وتكون أحلى عيد
تغني الأماسي بأجمل نشيد
وياكا الحبيّب وساكن الوريد
***
مصيرك حترجع ووين بس تفوت
ومن غير حناني قليبك يموت
تعال زي غمامة ترش البيوت
تعال قول بحبك كفاية السكوت
***
مصيرك حترجع ويجينا الفرح
ويرقص قليبي اللي ياما انجرح
وكم فيكا فكّر وكم فيك سرح
وبي كلمة منك بَسَم وانشرح
♫ ♥ ♫ ♥ ♫ ♥ ♫ ♥

راهنت بيك

وراهنت بيك

وعارفاك حتكسب رهاني العليك

وعارفاك حتفتح شبابيك قليبك

وتهتف (بحبك)

ومن حبي ليك

سأجري وأجيك

وأعلم تماماً

خيالاتي بيك

ستصبح حقيقة

وفي ذات يوم

كلامي البقولو

سيمشي ويجيك

♫ ♫ ♥ ♫ ♥ ♫ ♥

كلام الليل

أمبارح صحيت بالليل

قعدنا مع رويحتي الحلوة نتونس

وقلنا كلام سمح وعديل

كلام يفرح ويشد الحيل

كلام دغري ويعدل الميل

كلام لا فيهو سيرة حزن

لاسيرة بعاد لا ويل

وعدنا القلنا تاني وتاني

كلّ شوية تاني نزيد

فرحنا شديد

وقلنا خلاص

وقت يصبح صباحي علي

يهل العيد

وفرحة قلبي تبدا تزيد

وهاذي اللحظة

لا اذكر سوى

أن الكلام فرحني

بس تذكارو ساقني بعيد

وقمنا من السعادة البي

عايزة أطير

صحيت وقعدنا أتذكر

في ليلة أمس و اتفكر

لقيت كل الكلام قد راح

ولا غيّر وجع جوايا

ما شال من قليبي جراح

وعاد الحال كما هو الحال

غربة وشوق وهم بالحيل

قلب مشغول وضايق الويل

وكل القلنا امبارح

اتاري سراب

وحلم جميل

وأصبحنا الصباح في الهم

وصدق القال (كلام الليل)

♥ ♫♫ ♥ ♫ ♥ ♫♫ ♫♫

زعلانة منك

زعلانة منك أنا
زعلانة بي شدَة
رغم اني طيبانة
وما بعرف الحدة

أنا في انتظار ردك

ورسالة لي مدة

كم مر بينا زمن

كم بينا يوم عدّا

وأنا لسه زعلانة

***

عندك مشاعر وحب
بس قسوة في الاحساس
وأنا عارفا ريدك لي
جوه القلب والراس
عارفاك زول طيب
ومرهف الاحساس
لكني زعلانة
ومنك تعبت خلاص

***

كانت حياتي معاك
بالفرحة مزدانة
حطمت كل أمل
خليتني ندمانة
وأنا قبلما أحبك
أنا برضي انسانة
بتقدّر الاحساس
والريدة وحنانا

***

زعلانة منك أنا
خليكا بس عارف

لمن تكون قاسي
وعن حبي ليك صارف
حتضيع أجمل ريد
احساس قوي وجارف
وعيوني تشهد لي
بالله ما شايف؟!
***
زعلانة منك أنا
ويومي الزعل بكبر
شوف انت شن سويت
واقعد براك فكّر
قربت اتناسا
وبالي الطويل قصّر
وبالك سعيد خالي
لا حسّ لا قدّر
وانا لسه زعلانة

♫ ♥ ♫ ♥ ♫ ♥ ♫ ♥

السكات اهمال

منو القال السكات اهمال؟
منو القال السكات تطنيش
ورفع قزاز واستهبال؟؟
ده مرات السكات ريدة
مدفنة في قلب محتار

وفي جواهو ألف سؤال
ده مرات السكات تفكير

وشغلة بال وقلبة حال
ده مرات السكات حجوة
تشوفا بعيدة زي القمرة
مافيش لي سبيلا وصال
ده مرات السكات غنوة
حنينة حزينة في ترنيما
تتلحن زي الموّال
منو القال السكات اهمال!!
سكاتك حد زاتو شعر
سكاتك في جمالو دلال
سكاتك فيهو مليون كلمة
فيهو بريق وفيهو جمال
منو القال السكات اهمال
ده مرات السكات تطمين
وبشرة خير وروقة بال
وأجمل همس بين عاشقين
وأحلى نغم قليب يتقال
ومين قال السكات اهمال

♫ ♫ ♥ ♫ ♥ ♫ ♥

دقيقة لا أكثر

وكان أن غفوتُ ذات ليلة

غفوتُ لدقيقة لا أكثر

وكان أن رأيتكَ
تقول لي (أحبكي)

فقلتُ في دقيقة ..(وأكثر)

دقيقةٌ وصار كوني أخضر

وأبرق السحاب ثم أمطر

دقيقةٌ من نرجس وعنبر

دقيقةٌ من قهوة وسكّر

دقيقةٌ من نشوة سكرنا

وخمرة الغرام ليس تُسكر

***

دقيقةٌ عجلى وسوف تمضي

كن فارسي بها وكن لي عنتر

أو كن بها مولاي شهريار

كن لي هرقل الروم كن لي قيصر

دقيقةٌ تكفي لوضع عطري

تكفي لكي ألمّ ما تبعثر

من خصلي ومن حروف شعري

ما أجمل الشعر اذا تبعثر
ولا تضيع الوقت يا حبيبي

فالوقت مثل العمر لا يقدّر

هيا أسرج الجواد واختطفني

لعالم من لؤلؤ ومرمر

لجنة ملاطها كافورٌ

ونبعها الخمر اذا تفجّر

دقيقة معك تساوي عمراً
عمراً من الزمان لم يُكدّر

وبين عينيك أرى حياتي

وما مضى منها فلست أذكر

سئمت من دنياهمُ حبيبي

هيا بنا هيا ولا تفكر

♫ ♫♥ ♫♥ ♫♥

<u>مؤلم جداً</u>

لما تشيل أحزانك وحدك

ويفتكروك الناس فرحان

وتبسم وتظهر ما مهتمي

وانت بألامك غرقان

وتبقى دليل للناس الحولك

وفي جواك ذاتك حيران

****

مؤلم جداً بسمة عينك

وجواك العبرات تخنق

وعينيك ضاحكة وفيها الفرحة

ومن جوه الدمعة ترقرق

وجوارحك جواها بتغلي

ولسانك يقول (ما بفرق)

*****

مؤلم جداً بس دي شجاعة

ودي قوة وايمان مظبوط

اصبر ودس الهم في قلبك

وابسم وردد (أنا مبسوط)

وشكوى الناس ما قط بتفيدك

غير ما تلف راسك وتجوط

اقطع حبلك بي خلق الله

وخلي مع الخالق مربوط

♫ ♥ ♫ ♥ ♫ ♥ ♫ ♥

زحمة مشاعر

في زحمة مشاعري

زارني عزيز عليّا

أنا قايلاو يسلّم

ويقعد بس شوية

ويعرف كيفو حالي

ويطمّن عليّا

الا بشوفو طوّل

وسهّر لي عينيَا

وفي نص قلبي صنقر

واتحكّر تمام

***

أنا قايلاهو برحل

ماقايلاو بدوم

غرقت في بحر حبو

وما بعرف أعوم

وفي عزّ الهجيرة

وراني النجوم

سهّر لي فؤداي

وشال من عيني نوم

حليلك يا رويحتي

جافاكي المنام

***

من وين جيتني انتا

وجيت من ياتو كون؟

وهل حبك حقيقة

ولا وهم وظنون؟

روق يا قلبي وارسى

وخليهو الجنون

وما كل قلب مرهف

وما كل زول حنون

تديو فيض حنانك

وتلقاو بابتسام

***

يا الهليت في قلبي

واتحكرت جوّه

بالريد والتوافق

وصداقة واخوّه

احساسك بيكبر

في أعماقي جوّه

وبيكا فرح فؤادي

وبيكا العمر ضوّا

ورغم القلتو كلو

غالبني الكلام

♫ ♫ ♥ ♫ ♥ ♫ ♥

احساس جديد

فتح الشبابيك للدعاش

خشَّ المطر

بلَّ الحصير

لعبوا الصغار

تحت القمر

خمجوا التراب والطين

وسيل الريد

على بابون دفر

فرح الحبيب

ضحكت حبيبتو

ورقرق الدمع النبيل

في عيونا

لكن ما هطل

ما أجمل الدمع الخجول

في زول بريد

وعيونو ماليها الخجل

***

بالله شوف

دايرين يداروهو الغرام

وقت اللقاء

في صدفة من أجمل قدر

دايرين يحاولو يدسدسو

لكنو في عيونون ظهر

وف كل نبضة نغم بيقول

(والله غالبني الصبر)

***

احساس جديد

فتّح شبابيك الهوى

قصّر مسافات النوى

وغير نواميس الحياة

وبقى البعيد أقرب قريب

والمافي بالك

هو الحبيب

احساسي صادق بعرفو

واحساسي أبداً ما بخيب

***

احساسي بيك

انك دواي

وانك في عز الامي

زادي وطوق نجاي

وانك بدايتي ومنتهاي

***

احساسي بيك

احساس قلب تعبو السفر

وانت السكن

أنا قلبي تايه من سنين

وبريق عيونك هو الوطن

وأنا دمعي هاطل ما وقف

واحساسي بيك

إنك نهايات الحزن

***

ما تقيف كتير

أنا قلبي راجيك من زمان

مفتاحو طيبة وفيض حنان

أنسى الزمان أنسى المكان

كل الفوارق تنتهي

قول لي (بحبك) مرة بس

وأهو قلبي اداك الأمان

قول لي (بحبك) بس كفى

و أهو قلبي أداك الأمان

♫ ♫ ♥ ♫ ♥ ♫ ♥

شكراً لابتسامتك

شكراً لابتسامتك دايمه الفرحة دوم

بيك شفنا السعادة وجافتني الهموم

وماهاميني عازل وما خايفاهو لوم

وأنا من فرط حبي ما جاييني نوم

***

أنا من قبل حبّك اتعذبت جد

وشفنا الدنيا سودا ومالي فيها حد

وكل الناس دي قاسية وتمامة عدد

وجيت يا غالي انت وبقى حبّك سند

***

ياما حلمنا بيكا وشفنك في الخيال

وكننا بشوفو قربك ووصالك محال

ومع بعد المسافة وصعوبة الوصال

جيت زي أحلى غنوة وحققت المنال

***

شكراً لابتسامة ووردة وكلمتين

كم شانون صبرت رجيتم من متين

وياما حلمت بيهم مرّة ومرتين

ومايكا الحبيّب وياك ريد السنين

***

وانا بهديك مشاعر وبهديك المحنّة

قول فنان وشاعر قول ياخ زول وجنّا

خليّك من كلامون وما تضيّع زمنّا

وشوف كيف بي غرامي تبقى الدنيا جنة

♫ ♫ ♥ ♫ ♥ ♫ ♥

ابتسم

ما كل من شفتو ابتسم

معناها من فرحو ابتسم

مرات بكون الابتسام

بي وراهو زول مالي الألم

بي وراهو زول موجوع شديد

زول سالو منو دموعو دم

زول فاقد الحب والحنان

جواهو هم ما زيو هم

ما كل باسم زول سعيد

أو زول من الأوجاع سلم

الحزن مكتوب للجميع

في الدنيا مافيش حال بتم

بس باكر الأفراح تزور

والبال يروّق ونستجم

والفال أكيد تحت اللسان

وده قول سليم واسمح نضم

خلّي الهموم عيش أحلى يوم

قبّال من اليوم تتحرم

هي الدنيا كلها كم سنة

وهل انت عارف العمر كم؟!

خليكا عايش بالأمل

فرحان ودايماً مبتسم

106

أفرح عشان ربك كريم

وقت يستجيب بكرم كرم

وقت يستجيب دنياك تطيب

تفرح شديد خيرك يعم

يديكا أكتر من تريد

ويقول لأحلامك تتم

أفرح عشان الخير يجيك

خليكا دايما مبتسم

كم من فرح كان (مستحيل)

كم مستحيل كان يوم (حلم)

♫ ♫♥ ♫♥ ♫♥

أنا صدّقت

في أحداث السودان سبتمبر 2013

أنا صدّقت
بس انت مصدق
انو الناس الطالعة تظاهر
هم شذاذ افاق خاينين؟!
وخرّابين وكمان شماسة
وخونة وعُملا ومأجورين؟!
ومدفوع ليهم شان يتظاهرو
تبأ ليهم مخربين!!
وديل لا (شعبك) لا هُم(دمّك)
ويمكن فيهم (مصريين)!!
وهم (ربّاطة) عصابات مافيا
وهم شلّة من الغوغائين
وجثث الموتى فلاشات سينما
ومافيش موت ديل (مفبركين)!!
***
أكيد صدّقت عشان ناس بلدي
(سُمان) وكذلك مرتاحين
ومافيهم تعبان ومفلّس
ومافيش أبدأ جيعانين
وماكلين (بيتزا) و(هوت دوغ) طبعاً
و(بقري) و(ضاني) وشبعانين
ويطلعو ليه والشعب مدلّع
ومافي عطالة ورمتالين!!
ومافيش سرقة ومافي جرايم
ومافيش زول بايت مسكين!!
والتعليم والصحة وكلّو
في بلدي الطيّب راقدين
وخضارات ولبن مجاني
وكل شافع شارب رطلين
و(لحمة) (وتونا) و(برجر) و(سلمون)
في كل وجبة اساسيين
يطلعو ليه انا بس عاوز افهم
ديل ناس قطعاً ماجادّين!!
***
انا صدّقت هل انت مصدّق
أم غشوك الكذّابين ؟؟

وقادر تاكل وتشرب عادي
وجنبك جيرانك نايحين؟!
وتمشي وتتفسح وتسافر
وضميرك قول لي رايح وين؟!
وفي كل بيت الناس مكلومة
وأم موجوعة ولبلا أنين
وشوف الدم الغطّى الشارع
لو ما غلطك غلطة مين؟!
ومين مسؤول عن هذي الفوضى
ووين السادة المسؤلين؟!
أوعى كمان بس باعو القصة
وهسي هناك في الضل نايمين!!
***
أنا صدّقت عشان أنا طيبب
وما بعرف اكون بي وشين
واتحمّلت معاكم ياما
وياما صبرت سنين وسنين
بس مالقيت غير ذل ومهانة
وذكرى بلد قسموهو اتنين!!
***
نرجع طيبب لي موضوعنا
ونكون ناس موضوعيين
مين غلطان في هذا الحاصل
هل حكّامنا المحترمين؟!
أم أحزابنا ولا شبابنا
ولا شيوخنا (المجلجلين)؟!
ولا امريكا الفترت زاتا
وديمه عليها اللوم رامين؟!
وما شغالة هي أصلاً بينا
نحن برانا الموهومين
ولا مؤامرة صهيونية
عشان شرع الله وشان الدين؟!
ياخ خلينا وسيبك ياخي
الناس ديل زاتون ما فاضين
نحن برانا البعنا ضميرنا
وكلنا شلّة غلطانين
نسينا الدين ونسينا الخالق
وقال دي شريعة على السكين
وين الدين من قتل المسلم
وقتل المسلم فعلاً شين!!

وين الدين والناس اتحرمت
من اولادون نور العين!!
وين الدين من شرزمة تقتل
أولاد الناس الطيبين!!
ناس غلطتا هتفت بشجاعة
في زمن الناس خوّافين
وين الدين وانت بتستهتر
وتسخر من ناس موجوعين
مرة (شواذ افاق) سمّوهم
ومرة عمالة ومرتزقين
وياخي فرضنا شواذ تلتينون
مافيهم تلتن عاقلين ؟!!
***
وعندي سؤال واقف في حلقي
عن ناس بلدي المحرومين
هل يعني الهوت دوغ طوّرنا
أم خلانا من الفاهمين؟!
ويعني فرضنا أكلنا (الزفت) ده
هل كده نحن مثاليين؟؟
ملعون ابو أكلاً بي مهانة
يغور (الهوت دوغ) في ستين!!
ما نتمنّن بيهو علينا
ربّك لعن (المنّانين)
***
كدي ياريس سيب كافوري
ولف في الشارع يوم يومين
وشوف الناس الزادون (كسرة)
ومافي بيتا ملاح لاعجين
زور ناس بيتا وقع فوق راسا
وأسمع صوت شقع باكين
وشوف ناس مالاقين مستشفى
تعابى وفقرا ومرضانين
وامشي براك ما يكون زول جنبك
وما يباروك (الطبّالين)
تلقى بلاوي وتلقى حكاوي
وتعرف كيف الناس عايشين!!
***
اطلع من كافوري دقايق
امش (زقلونا) وزور (صابرين)
امشي (السلمة) وزور حي (مايو)

اقيف في اشارة شمال ويمين
عاين حولك وشوف كم واحد
من ناس بلدك شحادين!!
وامشي شوية كمان كم خطوة
وزور الأسر المنكوبين
بب السيل الجاهم من الله
وبي قدر الخالق راضين
بس واجعاني اغاثة اتسرقت
لافي رقابة ولاتأمين
***
وبرضو كمان كدة ياريسنا
زيارة سريع للعيانين
للبغسل يومين وتلاتة
والغسلة الواحدة بكمّين
ده المستشفى العام انا قلتا
أمّا الخاص طبعاً ضعفين
***
وتعال لي هنا زور الجامعة
وطل كدة شوف الممتحنين
وشوف كم غايب شان ماسدد
وما دافع وود مغتربين
دافع ابوهو الدم علشانو
رسومو اقل شي مليونين
التعليم الكان مجاني
بقى يا حسرة علم بالدين!!
***
وياريس كدة مرة اتكرّم
وصاحب شلة غلبانين
يعني صنايعة وحبّة غُفرا
وكم زول كدة صادق وأمين
تعرف فعلاً حالة شعبك
القلتا عليهم شاذين!!
وما تصدّق ما قالو بطانتك
امشي براك والناس نايمين
مُش ولي أمرنا يلا اتصرف
وابقى زي الخلفا الراشدين
***
ياريس ماقصدي اساءة
ولابعرف أشتم وأهين
بس بالجد واجعنا الحاصل

وعاوزين حل بس ما لاقين
ولا اقولك حل يرضيني
ويرضيك ويرضي المتظاهرين
ارجع قول لي ربك آسف
واستغفر الف والفين
وأصدق مع شعبك وأولادو
الناس السمر السمحين
حيسامحوك وحيغفرو ليكا
واطرد حَوَشك وابقى حنين
على كل زول مارق سلمياً
واطلق كلّ المحبوسين
وصالح شعبك مالك غيرو
وخاف من شعبك يوم الدين
تجي شايل بلدك في ضهرك
ويجو حولك الآف شاكين
ويوما أكيد لا بحلك جاهك
واصلو هناك مافي مُحامين
ربنا يغفر لينا جميعاً
وابداً ما نكون يوم ظالمين
دعوة صغيرة تغتّس حَجَرك
صعبة دعاوي المظلومين!!
***
ونحن كمان ما نبرّئ روحنا
نحن كذلك غلطانين
بي ذنوبنا بعاقبنا الخالق
وبي اخلاقنا الزي الطين
بقينا نكذّب ونسرق عادي
نموت في الغيبة ونمّامين
ونقعد نتبوبر ونتفشخر
ونتمحلس للمرتاحين
ونظهر عكساً مما نبطن
وبئس صفات المنافقين
ونمشي الشغل الساعة حداشر
ونرجع منو الساعة اتنين
وناكل حق الناس بساطة
قلوبنا حجارة وما بتلين
والكلمة الطيبة نسيناها
بقينا نشتّم وهمجيين
والطيب نضحك من طيبتو
ونجري نسلك الشريرين

وديمة نهظّر وعادي نبدّر
والناس حولنا عريانين
ونضحك ونستهتر ببعضنا
لساننا زفر وكلامنا مُشين
وناسين ربنا عايشين نلعب
ومن غير ربنا كيف عايشين!!
وشغالين نلعن في الحاكم
وبعضاً منّنا سبّ الدين
وفاكر دي شطارة وثورية
لاياشاطر يا (الاسمك مين)
ماعاوزة اجادلك دلوقتي
بنقعد نتشاكل بعدين
هسه نشوف حل لى أزمتنا
حل واحد يرضي الطرفين
نرجع كلنا لى خالقنا
ونقول ليو تُبنا وراجعين
والله كريم يسمع دعوانا
لانّو بحب التوّابين
ونستغفر عن كل ذنوبنا
ونخت الله قصاد العين
في أقوالنا وفي أفعالنا
وحنشوف كيف الحق حيبين
ربنا عادل ما بظلمنا
وربنا طبعاً خير مُعين
يارب اكشف كرب بلدنا
وفرج كرب المكروبين
وصبّر كل أم باتت باكية
قلب محروق والحزن دفين
واصلح حال البلد الطيب
بي بركة سورة ياسين
ورجّع لى سودانا البسمة
نعيش نامنين فيهو ولامنين
وكلّ البقرا كلامي يأمّن
وأنا اول زول قال (آمين)
♫ ♫ ♥ ♫ ♥ ♫ ♥

زول حنون

عادي جداً

زول تحبو

وتسكنو الروح والعيون

يبقى ليو قلبك وسادة

غطاهو رمشك والجفون

وتقبل القسوة اللي منو

وترضى غيرتو مع الظنون

وبرضو تصبر

وتاني تصبر

ولحظة ما تفكر تخون

وهوّ يظلم

وليكا يألم

بالتجاهل والسكون

عادي جداً ما غريبة

في زمنا القسوة صارت

ألف صنف وألف لون
والتلاعب بالمشاعر

صار شطارة وصار فنون

اهدا يا مسكين وروّق

إنت حاشاك الجنون

إنتا ما عيان وحاتك

لا و لا صابيك عيون

إنتا بس زول قلبو أبيض

وكل مشكلتك حنون

بس تأكد مهما طالت

بكره كل الهم بهون

تلقى زول طيب يريدك

يبقى ليك عالم وكون

بكره كل الفرحة جايا

وربّك إن قال (كن) تكون

♫ ♫ ♥ ♫ ♥ ♫ ♥

ليلة هادية

في ذات ليلة هادية
مرّ نسيم عليل
طرّاني البريدو
والحب النبيل
رقة ابتسامو
ومحياهو الجميل
ونظرتو حين ينظر
بى طرفو الكحيل
يا أيام مضيتي
ومافيش ليك بديل
وحلّ محل سروري
الدمع الهميل
يا قلبي الموجّع
ويا ليلي الطويل
آه ياقلبي أبكي
وآه يادمعي سيل
الحب حين يمضي
يرجع مستحيل
والفرح إن تولّى
وين ليهو السبيل

♫ ♫♥ ♫♥ ♫♥

اتعلقت بيها

أنا يا قلبي عارفك

اتعلقت بيها

وشاقتك ابتسامة

ونظرات في عينيها

بقيت ماتشوف سواها

وجاري دوام عليها

خلاص ياقلبي سلّم

واجلس بين ايديها

وماتقاوم مشاعرك

وبالأفراح تجيها

ومادام جد هويتا

وباقي أكيد عليها

قوللها أنا بحبك

واتودد اليها

قوللها هاك روحي

وروحي حلال عليها

♫ ♫ ♥ ♫ ♥

استنيتك

استنيتك ومستني

وعلى بابك واقف أغني

وشايل ليك قلبي ووردة

عيشي وأفرحي واتهني

***

الأيام بيك مبتهجة

يانور العين والمهجة

يابسمة فنان مرهف

نوّر بيك عمري وفني

واستنيتك ومستني

***

استنيتك ومان‍دمان

عاشق رايد وفيك ولهان

وشايفك قدامي حقيقة

ما بس أحلام وتمنّي

استنيتك ومستني

***

اسستنيتك وبستنا

وكلّي هوى وكلي محنة

ويوم حنكون أجمل عاشقين

ونسكن سوا أجمل جنة

واستنيتك وبستنى

الفهرست